ÉGLISE PAROISSIALE

DE LONGUÉ

DITE

NOTRE-DAME DE LA LÉGION D'HONNEUR

PAR

M. L'ABBÉ J.-J. BOURASSÉ

CHANOINE DE L'ÉGLISE MÉTROPOLITAINE DE TOURS, CHEVALIER DE LA LÉGION D'HONNEUR
MEMBRE DE PLUSIEURS SOCIÉTÉS SAVANTES.

Prix : 30 cent., au profit de l'Église.

ÉGLISE DE LONGUÉ

DITE

Notre-Dame de la Légion d'Honneur.

ÉGLISE PAROISSIALE DE LONGUÉ

Les grandes œuvres d'architecture offrent un vif
intérêt, même à les considérer uniquement comme des
témoins historiques. Destinées à traverser les siècles,
elles gardent fidèlement la pensée de ceux qui les ont
conçues et exécutées, longtemps après qu'ils sont des-
cendus dans la tombe. L'avenir, en les consultant, jugera
sans partialité l'époque et le pays qui les a vues naître.
Ne l'oublions jamais : à l'ombre des édifices que nous
bâtissons, la postérité sera fière ou rougira de ses pères.
A Longué, hâtons-nous de le dire, nos arrière-neveux
n'auront pas honte de leurs ancêtres : nous pouvons,
sans crainte d'erreur, anticiper le jugement des géné-
rations futures.

Le caractère des monuments, on l'a souvent répété,
est en rapport avec celui des peuples qui les construisent.
Les édifices de la Grèce seront éternellement le modèle
de la simplicité élégante et du bon goût ; ceux des Ro-
mains, jusque dans leurs débris mutilés par le temps
et les révolutions, se montrent encore pleins de force et
de grandeur ; nos vieux monuments français, avant tout
religieux, gardent l'empreinte fidèle de la foi ardente,
de l'énergie et du génie chevaleresque des populations
du moyen âge. Quel homme aujourd'hui, à moins que
son âme ne soit fermée aux nobles émotions, pénètre
dans l'enceinte de nos magnifiques cathédrales et de
tant d'autres églises, sans éprouver un sentiment indé-
finissable d'admiration et d'impression religieuse ?

Faut-il s'étonner si, de nos jours, on a cherché à faire revivre, dans la construction de nombreux sanctuaires. les traditions de notre architecture nationale? Quelque brillantes que soient les œuvres de l'art antique, on préfère, à bon droit, celles qui sont dues à l'inspiration chrétienne. On n'a pas manqué de suivre à Longué la religieuse et patriotique influence à laquelle la France doit tant de beaux édifices modernes.

Plus d'une fois, pour la construction de l'église paroissiale de Longué, on a fait appel à la charité publique. L'appel a été entendu, et le nouvel édifice est achevé. Nous ne dirons rien ici des immenses difficultés qu'il a fallu vaincre, des obstacles de tout genre qui ont été surmontés. Quel courage et quelle persévérance il a fallu déployer! Encore moins révèlerons-nous le dévouement héroïque du principal promoteur de cette grande entreprise, la pieuse munificence de plusieurs des bienfaiteurs, les offrandes, je pourrais dire les largesses de tant de fidèles : ils travaillaient pour le plus noble but; leur récompense est assurée de la part de Celui qui connaît le nom de tous ses serviteurs. Ce serait cependant un acte d'ingratitude, si nous ne reconnaissions pas ici publiquement le concours généreux du conseil municipal de Longué.

Les plans de l'église ont été dressés par MM. Delètre et de Coutaillou, architectes à Angers. Ils font honneur au talent de ces artistes expérimentés. A la manière heureuse dont tous les problèmes de construction ont été résolus, il est évident qu'en jetant les fondements de l'église de Longué, ils n'étaient plus à leur coup d'essai. L'exécution a été confiée à M. Rabjeau, entrepreneur à Angers, qui s'est acquis par ses travaux une juste considération. En faisant l'analyse des différentes parties de l'édifice, nous aurons l'occasion d'apprécier le mérite de chacun.

L'emplacement de la nouvelle église de Longué a été heureusement choisi. Le clocher, surmonté de la croix, domine au loin les plaines fertiles de l'ancien lit de la Loire, comme pour attirer les bénédictions du Ciel sur les champs labourés par des cultivateurs diligents et industrieux. Le corps penché sur ses sillons, le travailleur fatigué regarde la croix, et reprend sa tâche avec courage. La ville de Longué elle-même se trouve assise à l'ombre du saint monument. Ce n'est jamais sans émotion, dans nos voyages à travers les principales contrées de l'Europe, que nous avons remarqué les habitations des hommes, qui passent si vite, se grouper autour des édifices chrétiens, symbole d'espérances immortelles!

L'église de Longué, située sur une légère éminence, est précédée d'une vaste place. Un glacis gazonné conduit à la plate-forme qui mène à l'escalier, établi sur toute la largeur de la façade. Il est à désirer qu'un nouvel escalier, partant du milieu du glacis, donne accès directement sur la plate-forme. On nous a dit que le conseil municipal avait adopté cette mesure en principe, et qu'il en avait ajourné seulement l'exécution. Cette résolution lui fait honneur; on ne saurait, en effet, attacher trop d'importance à mettre les abords d'un édifice en rapport avec le corps même de la construction. Nous félicitons sincèrement la commune de Longué d'avoir si bien compris et si bien disposé les dégagements du monument. Une rue, large de 10 mètres, de chaque côté de la place, en facilite l'accès, laisse circuler librement l'air et la lumière, en faisant valoir les proportions de l'édifice.

Du milieu de cette grande place, l'œil embrasse l'ensemble de la façade et s'arrête avec plaisir sur les belles lignes architecturales qui en constituent la principale décoration. L'adoption d'un parti aussi sévère au premier abord, est la preuve d'un goût éclairé. Les divers membres d'architecture, dont les saillies ont été habilement calculées, le mouvement des arcs-boutants, des contre-forts et des clochetons, les larges moulures des voussoirs des portes, la rosace du centre, les ogives élancées de la tour, la galerie à jour placée autour des basses-nefs produisent l'effet le plus satisfaisant. De toutes ces parties adroitement ajustées entre elles, il résulte une décoration simple, vraiment monumentale, bien préférable aux ornements multipliés jusqu'à la profusion au frontispice de beaucoup d'églises modernes. Le couronnement cependant manque encore à cette façade : la flèche ne surmonte pas la tour destinée à la porter. Tout fait espérer que ce complément indispensable ne se fera pas trop longtemps attendre. La commune de Longué, nous en sommes convaincu, ne reculera pas devant quelques sacrifices, l'État ne refusera pas d'ajouter une nouvelle allocation à celles qu'il a précédemment accordées, et la charité des fidèles est loin d'être refroidie !

Le style d'architecture adopté pour la construction de l'église paroissiale de Longué est celui du XIIIe siècle. Ce style est grave; et, dans un temps aussi difficile que le nôtre, il satisfait également la raison et les yeux. La solidité n'y est pas dissimulée sous une multitude de feuillages et d'ornements capricieux. Le dessin est assez pur pour contenter les esprits les plus délicats, et la régularité de l'ordonnance ne laisse rien à désirer pour ceux qui tiennent avant tout à la symétrie. Les formes de détail n'ont pas la sécheresse qu'on regrette de trouver dans les édifices religieux au moment où l'ogive tend à faire place au plein cintre.

La longueur totale de l'édifice est de 63 mètres, sur une largeur de 17 mètres. La hauteur sous voûte est de 17 mètres. La nef principale a 8 mètres de large. Toute la construction est en belles pierres d'appareil, à l'exception des voûtes qui sont en briques (1). Les sculptures des chapiteaux des colonnes et des frises ont été exécutées par M. Chapeau, sculpteur à Angers. La corbeille de ces chapiteaux est gracieuse, et les feuilles à crochets sont imitées des meilleurs modèles. On y reconnait les élégants feuillages des chapiteaux de Notre-Dame de Paris. Les bases sont bien profilées. En un mot, l'œuvre architecturale nous a paru irréprochable.

A l'entrée de la nef, du côté droit, on lit l'inscription suivante :

NOTRE-DAME DE LA LÉGION D'HONNEUR.

CETTE ÉGLISE, DÉDIÉE A LA SAINTE VIERGE, A ÉTÉ APPELÉE DE CE NOM PAR LES MEMBRES DE L'ORDRE DE LA LÉGION D'HONNEUR QUI ONT OFFERT LES VERRIÈRES A M. MASSONNEAU, LEUR COLLÈGUE, CURÉ DE CETTE PAROISSE.

CES VERRIÈRES ONT ÉTÉ EXÉCUTÉES PAR M. LOBIN, PEINTRE-VERRIER A TOURS.

Cette inscription va servir à expliquer la pensée générale qui a présidé au choix des sujets représentés dans les vitraux. Nous ne devons pas être surpris de voir la croix de la Légion d'honneur briller au centre des petites rosaces de toutes les fenêtres. C'est un souvenir de reconnaissance. Honneur à l'armée qui a mis tant d'empressement à faire honneur à la Vierge, Mère de Dieu, des distinctions si noblement gagnées sur les champs de bataille ! Tous ont lu avec une vive émotion et une certaine fierté les sentiments exprimés en un style digne de soldats chrétiens et français dans la correspondance publiée

(1) Le travail des voûtes est dû à M. Labet, plâtrier à Beaufort.

par M. l'abbé Massonneau (1). Honneur aux autres membres de la Légion d'honneur qui ont compris; comme le disait si bien un digne évêque, Mgr Maupoint, évêque de Saint-Denis : « On ne saurait mieux faire que de mettre l'honneur sous la protection de la sainte Vierge ; ce sentiment vif et délicat n'y perdra rien devant les hommes, il y gagnera beaucoup devant Dieu. »

En face du maître-autel et du centre du transsept, nous apercevons au sommet de la verrière principale, au fond de l'abside, une croix rayonnante, avec cette inscription empruntée de saint Bernard : CRUCIS IGNOMINIA FACTA EST CREDENTIUM GLORIA. *L'ignominie de la croix est devenue la gloire des croyants.* » Telle est la pensée dominante dans toutes les verrières de Longué : le triomphe de la croix. Au milieu des reflets les plus brillants de l'or, de la pourpre et de l'azur, brille la croix de Jésus-Christ. Cette immense composition, qui se déroule en dix-huit tableaux, est la glorification de la croix.

L'âme de cette splendide décoration est la figure du Christ tenant en main la croix de résurrection, surmontée d'une bannière rouge, comme pour nous apprendre que la gloire est le prix du dévouement, du sacrifice et du sang. Le Sauveur remet les clefs symboliques à saint Pierre, prince des apôtres et chef de l'Église universelle. Deux médaillons représentent *Jésus en croix* entre sa mère et saint Jean l'évangéliste, et *saint Pierre crucifié la tête en bas.* L'encadrement de ces figures est d'une richesse éblouissante. Toutes les couleurs y étincellent, sans que l'harmonie en souffre. Nous avons admiré le visage grave et inspiré de Notre-Seigneur. A la vue de sa bannière triomphale et de son geste imposant, on se trouve involontairement porté au recueillement et à la prière.

(1) Cette correspondance a été imprimée par extraits sous ce titre : « Les membres de la Légion d'honneur à leur collègue, M. Massonneau, curé de Longué. » 1 vol. in-12. Angers, 1858.

Du haut de sa place d'honneur, et au milieu d'une lumière semblable à celle de l'arc-en-ciel, le Sauveur préside à l'assemblée des fidèles. S'il montre la croix triomphale, c'est encore la croix : leçon sublime, qui résume tout le christianisme !

Deux autres médaillons, au bas de la fenêtre centrale, représentent Mgr Angebault, évêque d'Angers, et MM. Hubert et Massonneau, curés de Longué, qui ont concouru à la construction de cette église.

Jetez les regards autour de vous, soit vers les hautes fenêtres, soit vers celles des nefs latérales, vous voyez apparaître les membres d'une sainte Légion d'honneur ; phalange radieuse, qui se groupe auprès de la croix : saint Maurice et saint Martin, patrons des soldats; sainte Hélène, à qui Dieu accorda la faveur de découvrir la vraie croix; saint Louis, qui bâtit, pour recevoir les reliques de la passion, ce magnifique et incomparable reliquaire qu'on appelle *la Sainte-Chapelle*. Saint Maurice est revêtu de la cotte d'armes, tenant son épée d'une main, et de l'autre la palme du martyre. Deux médaillons au-dessous rappellent les deux traits à jamais mémorables de l'histoire de la légion Thébéenne. Saint Maurice dit à Maximien : « Nous sommes vos soldats, ô Empereur, mais nous sommes aussi les serviteurs de Dieu. *Milites sumus, Imperator, tui, sed tamen servi Dei.* » Le soldat chrétien repousse avec dédain tout ce qui pourrait l'avilir. Plus loin, les guerriers de saint Maurice reçoivent bravement le coup de la mort. C'est pourquoi nous lisons dans leur office ces paroles de l'Écriture : « Ils ne voulurent pas violer la loi de Dieu, et ils furent massacrés. *Noluerunt infringere legem Dei, et trucidati sunt.* »

A côté de saint Maurice paraît saint Martin, qui exerça le métier des armes avant de s'asseoir sur le siége épiscopal de Tours. Au-dessous de son portrait, deux médaillons reproduisent les deux faits qui honorent tant sa mémoire. Devant la porte d'Amiens, saint Martin coupe son manteau en deux pour en donner la moitié à un pauvre. La nuit suivante, Jésus-Christ lui apparaît vêtu de cette moitié de manteau et disant à une troupe d'anges : « Martin n'étant encore que catéchumène m'a couvert de cet habit. *Martinus adhuc catechumenus hac me veste contexit.* »

Du côté opposé, nous distinguons d'abord saint Louis, en costume royal, portant avec piété la couronne d'épines et les clous qui attachèrent le Sauveur au bois de la croix. Dans cette figure pensive, on reconnaît le chevalier des croisades et l'auteur du code de lois qu'il appliquait lui-même sous le chêne de Vincennes. C'est bien là le type de la royauté chrétienne ! Le premier médaillon nous montre saint Louis malade et faisant vœu de s'armer de la croix et de marcher à la délivrance de la terre sainte. Le second nous le montre prisonnier et refusant avec horreur la proposition d'une nouvelle couronne ; il préfère la mort à l'apostasie.

Enfin, sainte Hélène, mère de Constantin, se tient appuyée sur la croix. Cette pieuse princesse éleva de magnifiques sanctuaires en Palestine, sur tous les lieux consacrés par le souvenir de Jésus-Christ. Elle eut le bonheur de découvrir la vraie croix, non loin du Calvaire et du saint sépulcre, à Jérusalem. Les Juifs avaient coutume d'enterrer les instruments du supplice auprès du tombeau des victimes. Un miracle servit à faire distinguer la croix du Sauveur de celles des deux larrons. Un médaillon représente ce miracle ; l'autre montre sainte Hélène traçant les fondements de la basilique du Saint-Sépulcre.

Parcourons maintenant la basse-nef qui entoure l'abside, et examinons une nouvelle série de personnages historiques. L'Ancien Testament est représenté par les majestueuses figures de Moïse, d'Aaron, de David, d'Isaïe, de Judas Machabée, parmi lesquelles on voit celle de Judith, qui mérita d'être appelée *la gloire du peuple d'Israël*. Plus loin, se dressent fièrement les héros qui appartiennent à l'ère chrétienne : Constantin, Clovis, saint Léon le Grand, Charlemagne, Godefroy de Bouillon et Jeanne d'Arc. Ces illustres personnages entourent le sanctuaire et l'autel. N'est-ce pas l'élite de la Légion d'honneur?

Nous serions forcé d'étendre outre mesure cette notice si nous voulions décrire ces charmants tableaux l'un après l'autre. Nous ne pouvons cependant résister au plaisir d'en signaler les principaux traits.

Moïse, vieillard à barbe blanche et flottante, porte les tables de la loi. De son front jaillissent deux aigrettes de lumière. On lit sur un listel le serment des Israélites après la promulgation de la loi : « Nous observerons tous les commandements de Dieu, que tu nous as communiqués. *Omnia verba Domini quæ locutus es faciemus.* » (Exod. XXIV, 3.)

Le grand prêtre Aaron a le front couronné de la mitre orientale. Sur sa poitrine brille le Rational, composé de douze pierres précieuses, sur chacune desquelles était gravé le nom d'une des douze tribus d'Israël. D'une main, il tient la verge fleurie ; de l'autre, il présente l'inscription suivante : « Offrez l'holocauste, et priez pour vous et pour le peuple. *Offer holocaustum, et deprecare pro te et pro populo.* » Quelle dignité dans ces deux figures! Comme leurs amples vêtements sont majestueux et bien drapés!

David, le prophète royal, a la tête ceinte du diadème, le manteau agrafé sur l'épaule, la main appuyée sur sa harpe. C'est bien là le poëte inspiré, qui s'écriait : *Exurge, gloria mea ; exurge, psalterium et cithara.* (Ps. LVI, 9.)

L'histoire nous apprend que Dieu se servit plus d'une fois du faible bras d'une femme pour délivrer son peuple.

Judith fut du nombre de ces femmes glorieuses. Elle nous apparaît ici dans toute l'exaltation du succès et manifestant au Ciel sa reconnaissance dans un élan sublime. A ses pieds gît la tête d'Holopherne. Nous croyons l'entendre redire avec enthousiasme les paroles de son cantique d'action de grâces : « C'est de ma main qu'il a tué l'ennemi de son peuple. *Interfecit in manu mea hostem populi sui.* »

Isaïe est le prophète de la croix ; il entrevit et prédit les souffrances et les ignominies du Calvaire.

Judas Machabée, le guerrier des derniers âges héroïques de la Judée, combattit pour la religion et l'indépendance de sa patrie, les deux plus belles causes qui puissent faire battre le cœur d'un homme. Après avoir remporté de brillantes victoires, Judas Machabée mourut comme il convenait à un héros, les armes à la main : sa place était marquée dans la galerie de la Légion d'honneur.

Maintenant nous allons voir paraître les personnages dont le nom seul rappelle les grands événements de l'histoire de l'Église catholique et de la France, *fille aînée de l'Église.*

Après trois siècles de persécutions, Constantin, en se convertissant, ouvrit une ère nouvelle à la religion et à la civilisation. Avant la bataille où Maxence perdit l'empire et la vie, Constantin aperçut dans le ciel une croix lumineuse avec cette inscription : « Tu vaincras par ce signe. *In hoc signo vinces.* » L'empereur tient en main le *labarum*, premier étendard chrétien.

Clovis est le fondateur de la monarchie française et notre premier roi chrétien. Sa physionomie sévère, sa longue chevelure, la francisque sur laquelle il s'appuie rappellent la fière race mérovingienne. Les ornements qui le parent, par un choix attestant le goût et l'érudition de l'artiste, sont ceux qui furent trouvés dans le tombeau de Childéric Ier, et que l'archéologie moderne a si habilement restitués.

Saint Léon le Grand, élu pape en 440, fut le défenseur zélé de la doctrine catholique contre les erreurs de l'hérésie. Il arrêta le farouche Attila, *le fléau de Dieu*, qui, après avoir inondé de sang les villes et les campagnes, marchait vers Rome pour lui faire subir le même sort. Le pontife ne craignit pas d'affronter le barbare. Attila, dont le cœur, jusque-là, était inaccessible à tout sentiment d'humanité, consentit à quitter l'Italie, et repassa le Danube.

Charlemagne personnifie une des plus grandes époques historiques. Peu de princes ont gouverné un empire aussi vaste que le sien. « Maître absolu de ses peuples, dit un de ses biographes, il mit sa gloire à en être le père. Aussi redoutable aux ennemis de la religion qu'à ceux de l'État, il fut le fléau de l'hérésie et du vice, le protecteur le plus zélé, aussi bien que l'enfant le plus soumis et le bienfaiteur le plus libéral de l'Église. » Le grand empereur, tenant le globe d'une main, et de l'autre sa formidable épée, est vêtu d'un manteau bleu avec les insignes de la dignité impériale.

A la fin du xie siècle, l'Europe retentit d'une extrémité à l'autre du cri mille fois répété : *Dieu le veut ! Dieu le veut !* La croisade est organisée. La chrétienté se dirige en armes vers l'Orient, à la délivrance du tombeau de Jésus-Christ. Godefroy de Bouillon fut le héros de la première expédition d'outre-mer. C'était un vaillant chevalier et un prince expérimenté. Il mérita d'être élu roi de Jérusalem ; mais, par une conduite digne d'un roi chrétien, il refusa de mettre sur sa tête une couronne d'or dans une ville où le Sauveur fut couronné d'épines. Godefroy de Bouillon s'appuie sur son bouclier orné des armoiries du nouveau royaume de Jérusalem. Il est armé de la lance. La couronne royale est à ses pieds,

Quelle figure martiale et douce à la fois! Quel beau type de cette chevalerie française, *vrai miroir de vaillance et d'honneur !*

Enfin, dans un costume à moitié de soldat, à moitié de jeune fille, l'héroïne de Vaucouleurs, Jeanne d'Arc, la libératrice d'Orléans, lève son étendard sur lequel, pour toute devise, elle avait fait écrire ces mots : JESUS, MARIA. La vierge guerrière serre son épée, dont la garde est en forme de croix. Son regard pur et méditatif brille de l'éclat de l'inspiration. Elle accomplira la mission d'en haut, en délivrant la France du joug de l'étranger. Charles VII, conduit par elle, recevra l'onction royale dans la cathédrale de Reims. Puis, victime infortunée, poursuivie par la haine et la calomnie, à peine âgée de vingt et un ans, elle montera sur un bûcher à Rouen, d'où son âme, sous la forme d'une blanche colombe, s'élancera vers le ciel !

Ici se termine, pour le moment, la série des portraits historiques. On ne saurait contempler ces nobles visages, la gloire de la religion et de l'humanité, sans éprouver une impression profonde. Durant leur vie, tous ces illustres personnages accomplirent leur devoir avec cette persévérance invincible, ce courage indomptable, qui sont le signe du génie et de la mission divine. D'autres figures viendront plus tard grossir les rangs de cette phalange de gloire. Le long des nefs latérales, de nombreuses fenêtres forment autant de cadres, où de nouveaux tableaux se joindront aux précédents, dès que les ressources le permettront. Nous faisons des vœux sincères pour que ces vides soient bientôt comblés. Grâce à Dieu, les annales de la religion sont remplies des belles actions d'une foule de héros et de saints !

Nous ne quitterons pas cette brillante galerie sans adresser à M. Lobin les éloges qu'il mérite. Cet éminent artiste, digne héritier des traditions de l'art chrétien

du moyen âge, également versé dans la science de l'archéologie et dans la pratique difficile de la grande peinture, donne à toutes ses compositions une belle expres-
sion religieuse, avec des formes agréables, où la simplicité
des lignes et la pureté du dessin s'unissent à l'harmonie
des couleurs et au respect des règles de l'iconographie.
Les vitraux de Longué doivent être comptés parmi les
œuvres les plus remarquables de la peinture moderne en
France.

Les piliers du transsept, comme chacun le sait, assu-
rent la solidité de l'édifice. Aussi dans plusieurs églises
du moyen âge, par un symbolisme facile à comprendre,
a-t-on placé dans les fenêtres des vitraux représentant les
Évangélistes et les Docteurs : la doctrine révélée et la
tradition, fondement de l'édifice religieux. Ici, dans les
hautes fenêtres du transsept, on voit, outre les quatre
évangélistes, saint Jérôme et saint Augustin, saint Ba-
sile et saint Jean Chrysostome, représentant les docteurs de l'Église grecque et de l'Église latine.

Un autre artiste, d'un talent distingué, M. l'abbé
Choyer, a sculpté le maître-autel, l'autel et les ornements
de la chapelle de la Sainte-Vierge, et la chaire. Cette chaire
est un chef-d'œuvre de menuiserie ; elle est due à la pieuse
munificence d'une personne qui désire rester inconnue.
Le bas-relief de l'autel principal est consacré à la gloire
de Marie. Au centre d'une auréole, la Vierge, assise sur
un trône, tient sur ses genoux son divin Fils, montrant
dans la croix la source du salut et le principe du véri-
table honneur. Tout autour se presse une cour radieuse :
des Anges, Josué, Gédéon, Débora, Judith, saint Maurice, patron du diocèse d'Angers, saint Louis, Jeanne
d'Arc. Des trophées sont déposés aux pieds de la Reine
du ciel. Des députations guerrières viennent lui offrir
leurs hommages. Approchez-vous, et vous distinguerez
des groupes charmants : l'officier de marine promène son

compas sur une carte, des matelots larguent les voiles du navire, l'artilleur s'appuie sur un affût de canon, le cavalier retient son cheval, le zouave au pied de la tour de Malakoff reçoit la croix de la main d'un officier, la mère de famille montre à ses enfants la Vierge, *secours et refuge des chrétiens*, la sœur de Charité prie *la consolatrice des affligés* pour le malade couché sur son lit de douleur; enfin, sur le premier plan, vous reconnaîtrez le premier pasteur du diocèse, Mgr Angebault, évêque d'Angers, M. Massonneau, le digne curé de Longué; auprès d'eux sont les magistrats, avec leurs insignes, de l'autre côté les hommes voués à la culture des sciences et des arts. Belle et noble composition, digne d'un cœur de prêtre et d'une main d'artiste !

Le bas-relief de l'autel de la chapelle dédiée à la sainte Vierge est consacré à la *Reine des anges*. Toute la sculpture de cette chapelle est due également au ciseau de M. l'abbé Choyer. La statue placée derrière le tabernacle est une œuvre de mérite. Tout dans cette chapelle est d'un style pur et d'une élégance admirable. Rien n'a été négligé pour en faire un sanctuaire digne de la Mère de Dieu, que la piété catholique aime à saluer des plus doux noms. Les vitraux peints reproduisent les principaux traits de la vie de la sainte Vierge. Nous avons remarqué au haut les portraits de sainte Rose et de saint Louis, patrons des donateurs dont les noms sont inscrits au-dessous.

L'église de Longué ouvre maintenant sa vaste enceinte aux fidèles. Les chants de la foi, de l'amour, de l'espérance retentissent sous ses voûtes. Daigne l'auguste patronne de la France, favorable à nos vœux, écouter nos prières et les présenter à son divin Fils !

3 Juillet 1860.

Tours. — Impr. MAME.